AF607197

LOS CANTOS ROTOS

JUAN JOSÉ VÉLEZ OTERO

LOS CANTOS ROTOS

XLIV Premio de Poesía Ciudad de Badajoz

VISOR LIBROS

VOLUMEN MCCXCIII DE LA COLECCIÓN VISOR DE POESÍA

Un jurado compuesto por Julia Barella, Jesús García Sánchez, Jon Juaristi, Raquel Lanseros, Faustino Lobato y José A. Ramírez Lozano, actuando como secretario Juan Manuel Cardoso, concedió a la obra titulada *Los cantos rotos*, de Juan José Vélez Otero, el XLIV Premio de Poesía Ciudad de Badajoz, que fue convocado por el Excelentísimo Ayuntamiento de Badajoz.

Ayuntamiento de Badajoz

Cubierta: Paul Klee, *Puente rojo*

Isaac Peral, 18 - 28015 Madrid
www.visor-libros.com

ISBN: 979-13-87745-93-6
Depósito Legal: M-27156-2025

Impreso en España - Printed in Spain
Gráficas Muriel. C/ Investigación, n.º 9. P. I. Los Olivos - 28906 Getafe (Madrid)

Ahora no solo comprendo al que reza;
ahora comprendo al que rompe a cantar.
GABRIELA MISTRAL

Canto que ruedas, como tú (…).
LEÓN FELIPE

Anything worth thinking
about is worth singing about.
BOB DYLAN

CANTOS

Salen voces por todas las rendijas,
de entre todas las grietas salen voces
y se extienden por todo el universo,
florecen en las bocas y en los púlpitos.
Está toda la luz llena de voces,
de cantos terrenales y de cantos divinos,
también en el desierto suenan voces,
cantos, voces, clamor de bacanales
y cantos de desdichas, cantos fúnebres;
cantos llenos de sol y cantos rotos.

DESAYUNO

Respiras la mañana de nuevo en la terraza
y te besa la luz que derrama despacio
su música en nosotros, su canto de café.
Las fábricas vomitan, también sobre nosotros,
un aliento de odio por las cosas del hombre.
Comienzan las aceras a poblarse
de miedo y de estupor, de desconsuelo y razias.
Se apoderan las máquinas otra vez del silencio
y gime la belleza bajo un cielo de zinc.
Las mantis colosales devoran la ciudad.

MUERTES

Hay muertes ejemplares, muertes chicas
después de haber vivido largamente
la fiesta con decencia y con decoro,
hay muertes sin salmodias, muertes pulcras,
muertes que no se nombran como muertes,
más bien como un caudal que de pronto se agota
y va dejando un lecho de flores y de pájaros
que paran de cantar una mañana.
Jamás temí a esa muerte,
solo temo a una vida que a otra muerte me lleve.

ÁNGELES

Tu ángel de la guarda fracasó
y Dios le echó una bronca y lo mandó a otro cielo
a purgar sus dislates con los ángeles tontos.
En el aljibe oscuro de este mundo
bebes el agua santa del Señor
y soplas gusarapos de ángeles caídos
y te limpias las lágrimas de espaldas a otros ojos
cuando te asaltan toda la tristeza
de la niñez y el tufo de los sueños
que nunca sucedieron.

DELIRIUM

La tarde fastuosa de luciérnagas
alumbra este poema, la tenia de azabache
se enreda en la vidriera pesada del crepúsculo
y el viento con su lengua amarillenta
aúlla en los patíbulos.
Mi párvula niñez, ¿dónde quedó?
¿Dónde la tibia leche del invierno,
la espuma del estío?
Una araña gigante ha puesto huevos
encima de mi cama.

ESPANTAPÁJAROS

Debajo de este sol estás ridículo.
Entre los girasoles, ¿qué pretendes?
Te pusieron aquí y has olvidado
la temporada alegre de la siembra.
¿No has visto qué sombrero, no ves qué gabardina
te han puesto, mamarracho, por los hombros?
Te mueves en el viento, te agitas en la nada,
ya solamente espantas a tu sombra:
cumpliste la función que te asignaron
y te han dejado solo entre las flores.

YA

Ya no suenan, amor, los campanarios,
ya no viste de gris la policía,
ya no mandan los curas en los templos de Dios,
ya no están los colegios callados ni las fábricas
emiten ya sonidos terribles de sirenas,
ya no están los parados en las filas de auxilio,
ya no mueren los niños de escasez en sus cunas,
ya se pueden decir las palabras prohibidas,
ya podemos hacer el amor sin recelos,
ya no existen razones para cambiar el mundo.

TENGO

Tengo una playa azul bajo los párpados,
y un bardo con chumberas
y un árbol de membrillos y un granado pletórico
que cubre con su sombra el tollo de Rufina.
Tengo un chaleco azul y una maleta
con dos cuadernos tristes, y una madre
también triste y azul, y tengo miedo,
tengo miedo al silencio de las aulas.
En la arena del pecho tengo un niño enterrado,
tengo un niño que llora, tengo un niño que llora.

ANCIANA

Advierte el burbujeo constante de los días
inquietándole el sueño,
abrasándole el pecho, el mismo corazón,
porque son de materia que se consume en brasas
esos días que vuelan,
son rescoldos de vida, lo mismo que el verano
distante de la infancia, y sí, digo distante,
porque ya no es el mismo, porque pasa en un vuelo
rasante sobre el techo en agonía
de una casa habitada por muñecos de cera.

DIÓGENES

Ahora rescatamos el bostezo,
salimos a la calle dejando en la tinaja
los sueños de la noche,
sustanciamos el verbo y la melancolía,
recelamos de pobres y de ricos,
de mujeres y hombres, de sabios y de necios.
No nos sirve el guion acostumbrado,
sujetamos la lámpara y buscamos un hombre.
Encontramos un mito. Apártate, Quirón,
que me tapas el sol y los racimos.

CATEQUESIS

Hace ya mucho tiempo, o no hace tanto,
que entró la *eternidad* a formar parte
de tu vida fugaz, de tu efímero tiempo.
Fue en la infancia, en la antigua
niñez entre pupitres, altares y sepulcros,
en los días de fiesta atormentados,
en las noches sin fin, hermanas de la muerte.
Fue el castigo sin culpa, la violación del gozo,
el pesar incesante que te castró el presente,
la condena precoz que te asoló el pasado.

CLEMENCIA

Han vuelto a renacer, cuando la tarde
transcurre, los recuerdos. Son contornos
de vida en las paredes, son sueños desechados,
ya fósiles del tiempo, ya leña en los crepúsculos.
Hay un mar de esqueletos y amonites
detrás de las montañas,
un océano antiguo donde agita la ausencia
sus olas en desorden, su galerna aterida,
el lubricán clemente
que alumbra con sus teas los caminos vacíos.

INSOMNIO

Dormir, dormir, dormir, pasar la vida
en el piélago gris de la inconsciencia,
eludir el dolor, soñar la suerte
desnuda y verdadera, el infinito
de la duda resuelto en el silencio,
resuelto en el efímero
pasar. Pasar, pasar sin desconcierto
de luna detenida, de miedo iluminado.
Dormir, dormir, dormir
en brazos del olvido y su materia.

RESURRECTO

La polilla que hurgaba en tus entrañas
ha muerto, corazón. Es otro insecto
el que agudo estridula, retoña en mi costado.
Es un calor de labios
semejante al verano de la infancia.
En la vida de un hombre hay péndulos y arena,
hay tardes oxidadas y mañanas de oro.
Y aquí estoy yo tocándome la frente,
la cicatriz de luz que ya no duele,
el membrillo feliz que me colma la mano.

REGRESO

Surcarás otra vez el mar en tu regreso,
volverás del viaje que te dictó el destino,
llegarás sin riquezas buscando lo olvidado
para encontrar de nuevo razones para el sueño,
para intentar vivir la quimera perdida
y despertar al día con ojos de ilusión.
Olvidarás sirenas, polifemos y circes,
encontrarás tu casa vacía de aventuras,
la casa abandonada de donde huyó Penélope
con el más inexperto arquero de tu reino.

VERBO

El mundo es la palabra, la vida es un concierto
de voces y silencios, de labios que conmueven.
La voz es la belleza, es el canto futuro,
el miedo de los dioses y la desolación
que el verbo desestima en su armonía.
El verbo es la esperanza,
lo escrito, lo gritado, la luz, lo pronunciado,
el sonido imperante que levanta la imagen.
O la ilusión del mármol por alcanzar la vida.
Mas yo hablo en silencio, colmado y solitario.

CARNAVAL

Colores en el suelo sobre una manta oscura,
no sabemos si es sucia o si es puro contraste,
sudaderas y gafas, zapatos de deporte,
bufandas de tu equipo y llaveros del mío,
camisetas y bolsos de imitación perfecta.
Sentadas en un banco, a la sombra del ficus,
las figuras oscuras del puzzle de este martes
ofrecen a las masas sus muestrarios diversos
en la plaza colmada de disfraces y voces.
Su soledad comparte lo mismo que las otras.

HERMANO

Y lo perdimos todo, ya ves, así es la vida,
una infancia fugaz, unos años de espera
y después un silencio que nos fue haciendo viejos.
Cuánto estupor velado por tus ojos,
quién nos iba a decir aquellos días
que todo era mentira, hasta aquel Dios
al que tanto rezabas. Ahora me pregunto
qué pedías, hermano, en tu rincón del patio,
junto al único grifo de la casa,
mientras mamá planchaba las ropas del domingo.

LIBRO

En mi mesa de noche hay un libro de hojas
ajadas y amarillas que me dejó mi abuelo,
es un libro que abro cuando vuelve la pena,
cuando quiero oír pájaros y el rumor de los pinos,
cuando quiero colores que alumbren las paredes
de mi cuarto de sombras sin ventanas al mar;
pero el mar está dentro de este libro y mis manos
acarician los ojos de las muchachas tristes.
En mi mesa de noche hay un libro infinito,
el primer Juan Ramón que ilumina mis sueños.

CAÍN

Lo vimos deslizarse como un ofidio negro
cargando a sus espaldas el peso de la culpa,
acarreando cuelmos con que alumbrar la tarde,
arrastrando una jaula vacía de oropéndolas.
Lo vimos distanciarse y perderse a lo lejos
entre piedras y flores marchitas de abandono.
No vimos que empujaba la puerta y se escondía
a resguardo del odio feroz y sus fantasmas.
Después lloró inundando de oscuridad el tiempo,
se durmió con la aurora inquietando a los pájaros.

HOSTAL

Veo el campo amarillo y veo sus lomas
esta tarde de julio en este hotel barato,
en este cuarto donde
comparto con las horas mi silencio.
Me gusta oír los huéspedes que llegan
y estacionan sus autos a la entrada.
Encuentro compañía
en los sonidos nuevos del pasillo.
Así calmo al fantasma de la ausencia
que me quedó de ti, tangible y muda.

INVIERNO

Se aproxima el invierno, lo dicen mi jardín,
la luz en las paredes y en las hojas cetrinas
que penden del silencio, la flor de madreselva
con su gota de azúcar ya fría en los pistilos.
Ahora llega el invierno y yo estaré en mi casa,
perdido en el olvido, detrás de los cristales
con mi vino y mis libros, con mis discos de siempre,
esperando la lluvia y el vaho en las ventanas,
y yo estaré en mi casa, escondido en mi mundo,
resguardado de Dios, del acecho de ustedes.

MÍSTICA

Se sostienen ahí, ateridos de tiempo,
iluminando un cosmos incendiado de astros,
mientras nosotros, bajo la luz de lo imposible,
soñamos en silencio sin obtener respuesta.
Qué estallido de nieve y de flores de almendros
sobre nuestras cabezas oscuras en la noche,
apagadas y trémulas de desconcierto y pasmo.
Qué minúsculo soy, qué estupor de granizos.
En el silencio sordo cae la noche
y estalla mi abandono contra su fondo negro.

ADOLESCENTE

Mi sangre se acelera cuando pasa
la luz de su presencia, la luz de su presencia,
la luz de su presencia. Corcovea
mi corazón de alondra seducida.
Huele a bazar cuando su carne pasa,
a uvas de almijar, a hueso eterno.
Mi boca canta
cada paso al vaivén de sus caderas,
pero mis ojos lloran conociendo el destino
de la gracia fugaz que las sostiene.

CASA

Saber que nunca más has de volver,
sentir que es imposible,
por más veces que pases por el solar vacío
cogido de la mano helada del recuerdo.
Saber que ya no están, no están, tus padres,
que no quedan sonidos ni voz ni luz ni humanos,
que todo se mudó a vivir al barrio
de la desolación. Los sueños arrumbados
en el corral de buitres que duermen tu resaca.
Saber que nunca más se te abrirá la puerta.

ALBOR

Se parte el cielo en dos y la alborada
revienta y se dilata como un misil de luz:
se despiertan los seres vacilantes del mundo.
Inundación que besa, alta marea
de cristales en flor, torbellino de vida
para frondosos cuerpos constelados. Afán.
Consuelo en la ebonita del insomne,
clamor en los helechos de los patios,
la palabra fulgor,
nuevo día que surge para alumbrar la grey.

DOLMEN

Bajo el peso del cosmos, de noches con sus días,
del pálido silencio de la nieve,
bajo el orden del aire y sus impulsos,
del sol y sus abscisas,
de la erosión de lluvia, de los astros ecuánimes,
eternos en los siglos sin voz del universo
y sus cuerpos de luz, petrificado
el viento de los años parece no alterar
a aquellos que descansan bajo la tierra muda.
Ha durado la piedra más que duran los huesos.

FUGA

Vivir en los espejos no es el mejor remedio
contra los estropicios de la melancolía.
Ensilla tu caballo y ordena que te abran
las puertas del jardín y de palacio.
Sal fuera, compra vino,
mira el sol cómo dora los hombros de los jóvenes,
no pienses nunca más en el Leteo,
pasea entre las flores, besa, olvida
el pavor que te asalta cuando cierras los ojos,
la incertidumbre atroz cuando los abres.

MURCIÉLAGO

Aleteo nocturno, manopla de silencio,
oscuridad urgente que tiembla en el espacio.
Pasa el tiempo, pasó como una fusa,
pasó la luz, pasaron ya los años
en que el viento soplaba levantando cien alas
livianas y encendidas, batiendo en la ilusión,
girando con el vértigo de un cielo azul y limpio.
Murciélago tenaz que se hizo viejo
y ahora duerme en las sombras
de la cueva y su abismo, planeta de mi ser.

ORACIÓN

La vejez —no la muerte— la vejez,
el espanto sin forma que escondido repite
su pájaro salvaje por espejos de luz,
la vejez que repica, la vejez que resuena
guarecida en los claustros de la inquina de Dios.
Erígete Satán, protégenos del odio,
socórrenos, tú sabes la crueldad que el tirano
derrama sin razón sobre los súbditos
del reino de la rabia, del reino del desprecio,
su saña sin razón contra el rebaño.

DECLIVE

Es la noche que ensancha las paredes,
el insomnio avivando la llama de la sed.
Era azul y ahora es de un sepia oscuro,
de hueso de sepulcro profanado
expuesto a los azotes de la lluvia,
de par en par abierto al limo y a la greda,
al acecho del rayo,
al hongo que en lo oscuro se sustenta
del fruto de la carne, del gusano
de la apagada flor de los sueños perdidos.

AULA

Nunca nada más hermoso que aquella tarde apagada
de finales de noviembre. El sonido de la lluvia
monótona en los cristales, igual que en aquel poema
de don Antonio Machado. Las aulas del Instituto
estaban todas dormidas, solo un rumor de cuadernos
y palabras taciturnas. Te sentaste junto a mí,
porque faltaba Zambrano. Olías a caramelo,
a chicle de menta, a rosas. En mi *mejilla* turbada
tocaban tus *rizos negros.* Me explicaste un logaritmo.
Hombro con hombro sentía el fuego bajo mi ropa.

SOLOS

Nacimos solos, solos concluiremos
dispares de pecados y de estirpes,
callados o rezando, en paz o torturados.
Triste hombre —jirón de un dios demente
ingeniado en el miedo—
salpicado de barro hasta el absurdo
de esperar un milagro que no acontece nunca,
pobre hombre, jirón incomprensible,
desperdicio de Adán, cobarde ante los tósigos
pacientes y aledaños que incitan al suicidio.

NANA

La niña tiene sueño, mas no quiere acostarse,
vive un tiempo de sol varado en los relojes,
en el cosmos que un día será solo ceniza
en su imaginación. La niña tiene sueño,
la niña tiene miedo a que acabe el planeta
de los días tempranos, pero el sueño le vence
y la lleva a la blanca realidad del espejo.
Caléndula amarilla, se mira en la quimera,
la niña del espejo se peina al acostarse
porque quiere salir guapa en los sueños.

LIENZO

Antonio Kuznetsov murió una tarde
mientras el sol lanzaba sus últimos suspiros;
la luna en el levante se elevaba en silencio.
Murió borracho, sí, ebrio y distante,
y apenas se dio cuenta de lo que le ocurría.
Iván Zelèv, su amigo, acompañó su féretro
hasta el campo de todos. Después volvió a su cuarto,
tomó cuatro recuerdos: la caja de pinceles,
una petaca vieja, la pipa, y un retrato
de su mujer desnuda amamantando a un perro.

FIESTA

Desde la alta ventana del silencio,
desde el balcón de luz donde mi alma habita,
veo los grandes y oscuros eucaliptos
batir sus hojas limpias con la brisa del mar;
al fondo los esteros
y alrededor de mí, pilas de libros,
mis libros, mi refugio ante los días
eternos de la ira y la desidia,
la soledad, mi blanca soledad
colmando de alegría la tarde y sus relojes.

VIVIR

Como tomar un tren y no saber adónde
nos conduce en el ojo del tiempo y sus raíles,
sólidos unos, otros inestables
sobre la arena incierta y movediza.
Como tomar un tren desconocido
y atravesar estados y fronteras,
realidades y sueños, el espacio
finito del periplo en el asombro.
Tomar un tren, vivir su arquitectura,
la crónica fugaz de su paisaje.

ECOS

La luz de la memoria es un relámpago
que nos ciega el cristal del desamparo, enciende
las murallas sitiadas de los años de entonces,
los mares de los atlas que congregan los ecos
silbantes en las grutas de los días cumplidos.
En la distancia, el vértigo y los nombres
que ya desaprendimos con la edad,
la noche contagiosa de los ciegos,
la momia de este pájaro que entona el canto sordo
del miedo a lo que queda por llegar.

SEMBRADO

Hay pájaros debajo de la tierra
enterrados, lo mismo que la semilla cruda.
Un día cantarán
rompiendo la corteza que la lluvia fustiga
con sus dedos diáfanos sobre un temblor de limo.
Hay pájaros sembrados con su luz y su canto,
aguardan impacientes un sol de primavera
que convoque a las alas dormidas en las sombras.
Brotarán como flores de papel
para alegrar los ojos de los que esperan mudos.

CHICLE

Tuvo un amor también, más fue inventado,
un amor de novela que escribirán un día.
Sufrió la admiración de sus congéneres,
tembló ante la bondad de los que amaba,
vivió una era plena de justicia,
de líderes honestos, de proclamas y arengas
en pro de la virtud y del progreso.
Mas no colaboró, murió apartado,
no supo disfrutar de la existencia.
La vida se le fue mascando chicle.

HOPPER

Son bares que no acaban de proyectar su luz,
son templos y refugios de carne solitaria
que buscan una brizna de paz y de sosiego
en los días de lluvia que son todos los días.
Son jaulas entreabiertas de corazones rotos
donde no suena el canto de pájaros ufanos
ni el himno amortajado que esconden los espejos.
Es un presagio oscuro de temblor en la lengua
esa agria soledad que duerme en las botellas
de las vitrinas grandes de la melancolía.

POETA

Le basta con saber que es único en su género,
que todo lo que hace lo imitarán futuros
ruiseñores de canto matutino,
alondras de la tarde o tórtolas heridas
con flautas celestiales, angelicales, líricas.
Le basta con saber que es de su especie
el más alto varón, excelso, insigne,
prominente, notable, eximio y señalado.
Me basta con saber su paradero
para esquivar la calle y prevenir contagios.

PLACENTA

Al principio la duda, lo que vendrá, las órbitas
secretas, mas, precisas, de las constelaciones,
los signos del abismo, apenas simulacros
de las adversidades que llevan al destino.
Después lo inaccesible, la llave, el deterioro
de los sueños amnióticos, el trueno del gemido,
el balbuceo mudo como la llama en fuga
hacia la eternidad con lenguas y con ojos,
la angustia de asomarse al precipicio
donde buscar a Dios y no encontrarlo.

OCASO

Así en el mar azul como en la tierra
oscura o cenicienta, en los sembrados,
en el desierto blanco y en los montes,
cae la noche con tintes de acuarela,
cae en silencio la hueste de pupilas
que acecha al hombre desde los días primigenios
y rocía su luz de membrillo y estanque
sobre su soledad oscura, sobre
el silencio constante de los días
cuando el miedo se funde con la lava del miedo.

PELELE

Unos brazos la impulsan por la acera,
unas manos ajenas en contrato
de asistencia social laica y por horas.
Él la mira de lejos.
La que fuera motivo de pasión en su día,
antes bella, hoy deforme,
un ovillo de nada religado en la sombra,
inclina la cabeza,
el cuello oculto y laxo como un agarrotado.
Le gotea la baba en la silla de ruedas.

ARGÓNIDA

Extraña sinfonía que no ha creado nadie,
la playa y las adelfas, las telas del crepúsculo
para vestir las aguas azules donde el río
se pierde y se amamanta el litoral. Sollozo
con que la tarde vierte su sinrazón de lágrimas.
De plata, de cristal y laberinto
el color de la forma, la altamar de los sueños,
el sigilo del aire que agita del levante
el corazón que late dormido en la memoria
y naufraga en las sábanas de un violeta indomable.

BRINDIS

Qué celebras que no entienden los otros,
qué fiesta, qué razón de canto, qué
resplandecientes cráteras convocan esta noche
a todos los que fuiste y en bandadas llegaron
a festejar el saldo que resta de tus días.
Por fin, acompañado, hablando con tus mismos,
recitas los versículos que no escribisteis nunca.
Bebamos, evohé, yo te acompaño,
conozco la razón de este banquete,
los dos somos el mismo, los dos en tu desierto.

LLANTO

Pues no voy a llorar, pues no, me niego
a caerme de bruces ante el Dios que adorabas,
ese Dios que te estuvo engañando de siempre
y al final se ha llevado de un mordisco mi amparo.
Que no voy a llorar, que no, no tengo
ni una lágrima sola con que afianzar razones
que utilice la bestia para explicar el cosmos.
Que no voy a llorar, no lloro, madre,
me comeré mis dientes y mi angustia
y callaré esperando otro derribo.

ASALTO

Se prolonga la ausencia de la luz,
el viento trae poemas salvados de las hojas
que se quemaron juntas al comenzar la era
fatal de los triunfantes. A veces un recuerdo,
llegado de repente y sin prudencia,
contamina la paz y agita las estatuas,
se desliza en silencio por la casa vacía,
por el sólido espacio donde habita el desvelo,
remueve en el hogar la brasa y sus cenizas,
las horas calcinadas pensando en el futuro.

CLAUDIO

No me lavo en la tierra como el pájaro.
Yo me pregunto a veces si la noche
no siente lo espontáneo de su sombra.
Si yo muriese harías en mí un surco,
el primer surco de hoy será mi cuerpo
confundiendo el dolor, aunque es de día.
Siempre me vienen sombras de algún canto,
sombra de un canto ya casi incorpóreo,
locura de llevar mi canto a cuestas.
Qué importa marzo coronando almendros.

(Marzo de 2023)

ÍNDICE

Esta primera edición de *Los cantos rotos*
se acabó de imprimir en Madrid el
23 de diciembre de 2025, fecha del
nacimiento de Juan Ramón Jiménez
144 años antes.